AF390266

Un Cordonnier, devenu juge, condamne
a mort le Gouverneur des Invalides ; sa
fille le défend : il est mis en liberté.
(la peur qu'il en eut, lui causa la mort.)

PRÉCIS
DE L'HISTOIRE
DE FRANCE,

DEPUIS 1789 JUSQU'EN 1792 (1811)

Par Ant. CAILLOT, Auteur de plusieurs Ouvrages classiques.

Orné d'une jolie Gravure.

———

A PARIS,

Chez Moronval, Libraire, quai des Augustins, n° 25.

1812.

Les exemplaires voulus par la loi ont été déposés à la Bibliothèque impériale.

Les contrefacteurs seront poursuivis.

PRÉCIS

DE L'HISTOIRE DE FRANCE,

DEPUIS 1789 JUSQU'EN 1812.

Les États généraux s'assemblent à Versailles. — Révolution.

1789.

D'APRÈS les lettres de convocation données par Louis XVI, les états généraux du royaume, composés des députés du clergé, de la noblesse et du tiers-état, s'assemblèrent dans la ville de Versailles, au commencement de mai. Une dangereuse scission se manifesta bientôt dans leur sein. Les députés du tiers-état, en nombre égal à ceux des deux autres ordres, demandèrent avant tout que les suffrages fussent donnés par tête, et non par ordre. L'opposition que le clergé et la noblesse montrèrent

à ce vœu populaire fut ce qui excita la
plus vive fermentation dans la capitale
et dans les provinces. Enfin ils cédèrent;
et les trois ordres, confondus en un seul
corps, prirent la dénomination d'*assemblée nationale*. Une révolution se
préparait de toutes parts; elle éclata à
Paris le 12 juillet suivant. Les Parisiens prirent les armes, et deux jours
après ils s'emparèrent de la Bastille.
Quelques actes de cruauté, commis par
le bas peuple, souillèrent cette célèbre
journée. Les provinces suivirent l'exemple de la capitale ; partout on prit les
armes. Il y eut des excès commis contre
les personnes ou contre les propriétés
de ceux qui étaient connus par leur opposition au nouvel ordre de choses.
Dans un clin d'œil, les villes et les
campagnes enfantèrent de nombreuses
légions de gardes nationales, et la cocarde tricolore devint la marque dis-
tinctive des soldats français. Louis XVI
lui-même sanctionna cette grande révolution en prenant les couleurs de la
liberté, et en venant à l'Hôtel-de-Ville

de Paris donner son approbation à cet élan national vers une autre forme de gouvernement.

Travaux de l'Assemblée nationale. — Journées des 5 et 6 octobre. — L'Assemblée nationale vient tenir ses séances à Paris, et le Roi y fixer sa résidence.

1789.

L'assemblée nationale profita de la grande révolution qui venait de s'opérer, pour donner à la France une nouvelle constitution. Tout changea dans la division des pouvoirs et dans les différentes branches de l'administration. Le clergé et la noblesse perdirent leurs priviléges, et une déclaration solennelle des droits de l'homme et du citoyen devint la base des décrets des législateurs. Cependant la démarche que le roi avait faite ne put le préserver des excès populaires. Dans un repas donné à Versailles, par les gardes-du-corps, au régiment de Flandre, la nouvelle cocarde fut, dit-on, foulée aux pieds, et le peuple insulté dans des chansons que suggéra cette imprudente orgie. Informés de cet événement, les Parisiens courent aux armes ; une foule innombrable se rend à Versailles, avec des pièces de canon. Le palais du roi est assiégé, les gardes-du-corps opposent une vaine résistance, le sang coule, et la Providence sauve cette fois Louis XVI et son épouse. Le lendemain, ce monarque et sa famille, accompagnés par tous les députés à l'assemblée nationale, vient établir sa résidence dans la capitale, aux acclamations de tous ceux qui, la veille, n'avaient fait entendre que des cris de vengeance et de mort. Bientôt le châtelet prend connaissance des excès qui ont été commis à Versailles ; mais il est arrêté dans ses poursuites, autant par l'intérêt du monarque outragé, que par des principes de politique dont les circonstances lui faisaient un devoir de ne pas s'écarter.

Constitution civile du Clergé. — Serment demandé à tous les ecclésiastiques fonctionnaires publics. — Fuite du roi.

1790 — 1791.

L'assemblée nationale n'aurait pas cru avoir donné à l'état une constitution durable, si elle n'avait pas déterminé les devoirs que les ecclésiastiques avaient à remplir comme citoyens, en fixant de nouvelles dispositions de discipline cléricale. Autant la réunion des trois ordres avait causé d'agitations, autant ces dispositions en firent naître lorsqu'elles furent proposées. Enfin la majorité de l'assemblée l'emporta, et tous les ecclésiastiques qui remplissaient des fonctions publiques furent obligés de se soumettre, par serment, à la nouvelle constitution du clergé. Auparavant les dîmes avaient été supprimées, les biens ecclésiastiques avaient été déclarés nationaux, et des pensions avaient été faites aux religieux et à tous les bénéficiers du clergé séculier. Un grand nombre d'ecclésiastiques prêtèrent le serment qui leur était demandé, et beaucoup d'autres le refusèrent : delà un schisme qui s'étendit sur toute la France, dont il ne devait que trop favoriser les ennemis. Louis XVI, prince bon, mais faible, gémissait de ces troubles, auxquels ses irrésolutions l'empêchaient de remédier : ils ne firent qu'augmenter par sa fuite. Arrêté à Varennes, ce monarque, que d'imprudens conseillers avaient placé sur le bord de l'abîme, crut réparer cette fausse démarche en acceptant solennellement la nouvelle constitution en présence de l'assemblée nationale.

Assemblée législative. — Le 20 juin. — Le 10 août. — Louis XVI est transféré au Temple.

1791 — 1792.

Après avoir achevé ses importans travaux, l'assemblée nationale, depuis appelée *assemblée constituante*, fit place à *l'assemblée législative*, qui ne devait s'occuper que des lois organiques de la constitution, ou de celles que les circonstances exigeraient. On avait lieu d'espérer que la France serait tranquille pendant la nouvelle session ; la révolution était faite, et la constitution était établie et sanctionnée par le monarque et par la majorité de la nation : mais, d'un côté, le schisme et les décrets de déportation lancés contre les prêtres insermentés, et, de l'autre, l'émigration devenue une espèce de délire, et l'attitude hostile des puissances étrangères, ne faisaient rien prévoir que de funeste. A ces principes de discorde et de troubles, il faut ajouter ces clubs nombreux qui avaient autant de noms qu'il y avait de partis, les jacobins, les cordeliers, les feuillans, etc. Comme leur influence était alors toute puissante, la nouvelle assemblée se trouva presque toute composée d'élémens ou divers ou opposés. Placé entre les factions étrangères excitées par les émigrés et celles de l'intérieur, le roi, voulant les

ménager toutes, n'en contentait aucune.
Cependant le peuple de Paris, renforcé
d'un grand nombre d'individus arrivés à
dessein des départemens, excité sur-tout
par les partisans du gouvernement républicain, se disposait à une seconde révolution. Plusieurs milliers d'hommes se
rendent, le 20 juin 1792, au château des
Tuileries avec des intentions séditieuses
et outrageantes pour la majesté royale :
un bras invisible retient ceux des assassins, et le monarque doit à sa coura-
geuse contenance son salut et celui de
sa famille. Déchus pour ce jour là de
leurs espérances, les factieux trouvent,
dans l'invasion des armées étrangères,
le prétexte d'une nouvelle agression.
Le 10 août 1792, le château des Tuileries est attaqué dès le matin par de
nombreuses bandes de Marseillais et
d'habitans des faubourgs de Paris ; le
canon gronde, les Suisses opposent une
vaine résistance au torrent qui se pré-
cipite vers le château ; ils fuient, et un
grand nombre d'entre eux deviennent
victimes de leur dévouement. Louis

avait cherché un asile, avec son épouse et ses enfans, dans le sein de l'assemblée : pour conserver sa vie, il perdit sa liberté, ayant été peu après transféré à la tour du Temple.

Entrée en France des armées autrichienne et prussienne. — Massacres de Septembre. — Jugement et mort de Louis XVI.

1792 — 1793.

Sous prétexte de rétablir le monarque français dans ses droits, une armée autrichienne s'était avancée des provinces belgiques vers les frontières de la France, et avait mis le siége devant les places de Lille et de Thionville, et une armée prussienne, commandée par Frédéric-Guillaume II en personne, avait pénétré, à travers les plaines de la Champagne, jusqu'à Châlons-sur-Marne. A la nouvelle de ces dangers, les Français prennent les armes, de grandes armées se forment tout à coup, et le monarque prussien, qui n'est plus qu'à trente-cinq lieues de Paris, se trouve trop heureux de pouvoir se retirer au-delà du Rhin. L'armée autrichienne n'est pas plus heureuse ; elle renonce aux conquêtes qu'elle avait faites en idée, et se voit réduite à défendre son propre pays. Elle apprend bientôt, par la défaite qu'elle éprouve à Jemmape, que l'enthousiasme peut, chez les Français, remplacer la discipline et l'expérience. Des scélérats profitèrent de ce grand mouvement patriotique, qui poussait dans la carrière des combats toute la jeune population de la France, pour immoler à leur rage plusieurs milliers d'hommes détenus dans les prisons et dans les nouvelles maisons d'arrêt de la capitale : prétendus amis de la liberté, ils en déshonorèrent la cause, et les braves qui sur le champ de bataille versaient le sang ennemi, ignoraient les lâches assassinats commis par des Français contre des Français.

Pendant ces jours malheureux, tout ne fut pas crime, et l'histoire conservera à jamais le nom de la jeune Sombreuil, qui parvint à sauver la vie à son père, en se plaçant devant les poignards des assassins.

Après la révolution du 10 août, la France resta, par le fait, sans gouvernement. L'*Assemblée législative*, qui n'avait qu'un pouvoir limité, pensa qu'une *Convention* pourrait seule remédier aux maux de l'état. Cette Convention, investie de tous les pouvoirs, commença par déclarer la France république, et, peu après, s'occupa du jugement du roi. Cité à la barre de cette assemblée, ce prince répondit avec fermeté aux chefs d'accusation qui lui étaient imputés. Déclaré coupable de haute trahison, il fut, quelques jours après, condamné à être décapité ; et le 21 janvier 1793, sa tête tomba sur l'échafaud. Le duc d'Orléans, prince infâme, fut regardé comme l'auteur de cette mort, par l'influence qu'il exerçait alors dans la Convention, dont il était membre.

*Scission dans la Convention le 31 mai.
— Gouvernement révolutionnaire. —
—Victoires des armées républicaines.
—Siége de Lyon. — La Vendée.*

1793 — 1794.

La diversité des opinions qu'enfanta dans la Convention le jugement de Louis XVI y causa une scission dont toute la France ressentit les effets. Le 31 mai, le parti de la *Montagne*, composé de tous ceux qui avaient voté la mort du roi, s'insurgea, pour ainsi dire, contre celui de la *Plaine*, formé des députés modérés, auxquels les *jacobins* imputaient le dessein de donner à la république un gouvernement fédératif. Au sommet de la montagne siégeaient Robespierre et Marat ; l'un, tyran lâche et rusé ; l'autre, vil et sanguinaire agent de la faction qu'il avait embrassée. La proscription de soixante-treize députés signala cette troisième révolution, qui livra la république à toutes les horreurs d'un gouvernement sanguinaire. Alors la justice se tut, pour ne laisser parler et agir que l'esprit de faction et la vengeance. De nombreuses bastilles s'élevèrent dans les départemens ; les échafauds furent dressés de toutes parts, et le soupçon, plus encore que le crime avéré, y fit monter plus de bons citoyens que de traîtres. Malesherbe, cet homme vénérable, ce courageux défenseur de Louis, donna par sa mort l'épouvante à tous les sages de l'Europe ; et le supplice de l'épouse et de la sœur de Louis XVI fit croire un moment que les Français étaient devenus des Cannibales. Un état de choses si contraire au caractère et aux mœurs des Français ne devait produire que de funestes effets. La ville de Lyon donna la première le signal de la résistance à l'oppression ; mais ses courageux habitans furent enfin contraints de céder, après un siége mémorable ; et l'une des plus anciennes cités des Gaules fut condamnée à la destruction. Un grand homme devait, quelques années après, la relever de ses ruines et lui rendre sa première splendeur. Dans les provinces de l'ouest éclatait une guerre plus terrible, en ce qu'elle était excitée par les émigrés et les Anglais. Le département de la Vendée en devint le foyer, et cet incendie menaça même les provinces qui avoisinent la capitale. Les idées religieuses exaltées au dernier point, et les principes républicains poussés à l'excès, y amenèrent un conflit que ne purent faire cesser les rigueurs militaires exercées par de nombreuses troupes accoutumées à vaincre les ennemis du dehors. La guerre civile prenait chaque jour de nouvelles forces, et servait d'aliment à la guerre étrangère ; mais, ô prodige ! les soldats de la république, dont les succès étaient balancés par les Français amis de la monarchie détruite, repoussaient de tous côtés les armées étrangères, auxquelles la trahison avait facilité des victoires passagères. En effet, quand un gouvernement tyrannique sur le point d'expirer couvrait le sol français de prisons et d'échafauds, et lorsque la guerre civile dévastait nos plus belles provinces, les Autrichiens étaient repoussés jusque dans le cœur de la Belgique par la bataille de Fleurus, les Prussiens perdaient Mayence, et les Espagnols, après avoir fait quelques pas sur le territoire français, étaient rejetés jusque sur les frontières de la Catalogne.

Le 9 Thermidor. — Troubles. — Le 13 Vendémiaire. — Le Directoire et les deux Conseils. — Invasion de la Hollande. — Le général Bonaparte.

1795 — 1796.

Le peuple français et la grande majorité des membres de la Convention ne pouvaient plus supporter le régime anarchique et sanglant à la tête duquel s'était placé Robespierre, soutenu par les clubs jacobins, improprement appelés *sociétés populaires.* Le 9 thermidor, style républicain, finirent les proscriptions, par la chute de ce tyran ; les échafauds s'écroulèrent, les prisons s'ouvrirent, et la France respira. Rendue à la liberté par le courage de quelques-uns de ses membres, la Convention s'occupa de guérir les plaies du régime de la terreur. Quoique entourée de factions, elle fit tous ses efforts pour réparer les maux publics ; mais elle ne put prévenir la chute des assignats, papier-monnaie d'abord émis avec économie et sagesse, ensuite prodigué jusqu'à l'avilissement. Malgré ses bonnes intentions, elle se vit encore sur le point d'être asservie. Les jacobins, profitant d'une gêne momentanée dans la circulation des subsistances, soulevèrent le peuple des faubourgs de la capitale, et s'acheminèrent avec une multitude égarée vers le lieu des séances des représentans de la nation. Leurs projets furent déconcertés, et plusieurs payèrent de leur tête le crime de leur révolte.

Un autre danger ne tarda pas à menacer la Convention. Comme elle s'occupait, en créant une nouvelle constitution, des moyens de l'affermir, elle pensa que le meilleur moyen d'atteindre ce but, était de faire entrer dans les conseils des cinq-cents et des anciens, qui devaient la remplacer dans la carrière législative, les deux tiers de ses membres. Plusieurs assemblées primaires de la capitale, livrées à des insinuations contraires au repos de l'état, osèrent s'élever contre cette disposition. Les esprits s'échauffèrent par les discours d'orateurs imprudens; des sections entières prirent les armes, et se disposèrent à appuyer par la violence les arrêtés qu'elles avaient pris contre la Convention. La guerre civile éclate, et ces bourgeois qui naguère avaient marché contre le faubourg Saint-Antoine pour venger la Convention, marchent pour la dissoudre. Leurs efforts sont vains, et des mesures sévères les forcent de rentrer dans leurs foyers.

Débarrassée de ces nouveaux ennemis, la Convention achève son œuvre constitutionnelle. Deux conseils sont créés, l'un pour proposer les lois, l'autre pour les approuver. Un directoire, composé de cinq membres, est chargé de l'exercice de la puissance exécutive.

De grands événemens ne tardèrent pas à signaler les commencemens de ce nouveau gouvernement. Une armée française, au milieu des rigueurs de l'hiver, avait envahi la Hollande ; une autre passa le Rhin, et en soumit la rive droite, depuis Bâle jusqu'à Dusseldorf. Ici commence une ère de gloire. Le jeune général Bonaparte, déjà célèbre par la conduite distinguée qu'il avait tenue au siége de Toulon deux ans auparavant, comme commandant de l'artillerie, et aux talens duquel la France devait la conservation de ce port de mer, venait d'être nommé général en chef de l'armée des Alpes. A peine arrivé en présence des Piémontais, soutenus par les Autrichiens, et fortement retranchés sur les sommets et dans les gorges de ces montagnes, ce foudre de guerre, à la tête d'une petite armée mal payée et mal habillée, culbute toutes les forces qu'il rencontre, à Montenotte, à Mondovi, à Millesimo.

Les phalanges ennemies, éperdues, lui
livrent, par leur fuite, les plaines du
Piémont et du Milanais. Tous ses pas
sont des victoires.

*Gouvernement du Directoire.—Partis
dans l'intérieur.—Campagne d'Italie.—Le 18 fructidor.*

1796.

La France commençait à ressentir les
avantages d'un gouvernement régulier,
qui avait fait succéder aux orages ré-
volutionnaires le calme des lois. Le directoire, animé des meilleures intentions, cherchait à étouffer toutes les
discordes en contenant tous les partis:
mais il avait beau faire; dans le midi
de la république, d'atroces vengeances,
appelées *réactions*, éclatèrent contre
ceux qui s'étaient rendus coupables
d'excès pendant le régime de la terreur;
et les compagnies *de Jésus* et *du Soleil*
menacèrent l'état de nouveaux troubles,
par les nombreux assassinats qu'elles
commettaient sur les *patriotes*, déno-

mination respectable, sous laquelle ces compagnies comprenaient et les hommes qui avaient versé le sang, et ceux qui n'avaient montré que du zèle pour la prospérité de la république et pour le maintien des lois. Malheureusement ces nouveaux séditieux trouvèrent des protecteurs dans les deux conseils. Dès lors le danger augmentant de jour en jour, et le gouvernement républicain tombant dans l'avilissement, les bons esprits pouvaient prévoir l'époque où l'ancien gouvernement monarchique pourrait le remplacer.

Tous les yeux étaient cependant fixés sur l'Italie, où le général Bonaparte étonnait l'Europe par la rapidité de ses exploits. Ni les armées ennemies, ni les places fortes, ni les fleuves, n'arrêtaient sa marche impétueuse. En vain une nombreuse artillerie défend le passage du pont de Lodi, et une armée autrichienne, rangée en bataille de l'autre côté du fleuve, va se précipiter sur les braves qui oseront franchir ces terribles obstacles. Bonaparte se met à leur tête :

un effroi inconnu les avait rendus comme immobiles; mais à l'aspect de leur général qui se dévoue à une mort presque certaine, ils s'ébranlent, ils s'élancent sur ses pas, ils franchissent le redoutable passage, et leur audace est récompensée par une glorieuse victoire. Le Piémont a été soumis, Milan a ouvert ses portes, Véronne se rend au vainqueur, et bientôt les deux rives de l'Adige seront subjuguées.

L'armée victorieuse d'Italie jette ses regards sur la France, et y voit des troubles sans cesse renaissans, la constitution ébranlée de toutes parts par les factions royaliste et anarchique, et le directoire faisant peut-être d'inutiles efforts pour s'opposer au torrent qui menace de l'entraîner; elle fait entendre sa voix, elle jure de vaincre les ennemis du dedans comme ceux du dehors. Encouragé par ce puissant appui, le directoire conspire contre les factions, et le 18 fructidor il les renverse, et ressaisit les rênes du gouvernement, qui étaient sur le point de lui échapper.

Les Chouans. — Affaire de Quiberon. — Déportations. — Commissions militaires. — Suite des victoires du général Bonaparte. — Traité de Campo-Formio.

1796 — 1797.

Les rebelles des départemens de l'ouest, presque toujours battus lorsqu'ils marchaient en grandes masses, se séparèrent en petites bandes, et prirent le nom de *Chouans*. Alors leurs ravages se multiplièrent, et ils devinrent moins aisés à soumettre : cette importante pacification était réservée au héros de l'Italie. Les Anglais, dont l'intérêt était de perpétuer nos troubles, fournissaient des armes et des munitions aux insurgés, et les émigrés leur envoyaient des généraux. Une expédition partie des ports de la Grande-Bretagne fut sur le point de leur donner de plus grandes forces qu'ils eussent encore eues. Plusieurs milliers d'hommes et plusieurs centaines d'officiers français de l'ancienne marine royale, sont jetés sur la presqu'île de Quiberon, et se disposent à se joindre aux Chouans du voisinage. Les troupes républicaines volent à leur rencontre, les attaquent et les mettent en déroute. Les Anglais fugitifs sont reçus dans leurs vaisseaux; mais les émigrés, foudroyés par l'artillerie de ces mêmes vaisseaux, n'ont d'autre parti à prendre que celui de se rendre prisonniers. Une commission militaire s'assemble peu après, et les condamne à mort pour avoir porté les armes contre leur patrie.

Après le 18 fructidor, le directoire pensant qu'il devait employer la sévérité pour empêcher les partis de se relever, se livra à un système de déportation et d'exécutions militaires qui fit craindre le retour de la terreur, et avec d'autant plus de raison que l'exercice du culte religieux provoquait de sa part des mesures tyranniques, et qu'il paraissait vouloir donner sa confiance à des hommes proscrits dans l'opinion publique; mais bientôt, effrayés de la turbulence de ces mêmes hommes, il cherchait à leur opposer ceux contre lesquels il s'était d'abord déclaré. Ce système d'irrésolutions, ce gouvernement auquel on donna le nom de *bascule*, fit naître de nouvelles divisions, dont il ne fut pas lui-même exempt, et qui servaient d'aliment à l'anarchie.

Dans ces circonstances, et pendant que nos armées sur le Rhin contenaient les armées ennemies, le géneral Bonaparte, que la victoire ne cessait d'accompagner, s'emparait de Mantoue, après un blocus pendant lequel il avait livré plusieurs glorieux combats. Delà il s'avance dans l'état de Venise, qu'il soumet à ses armes, après avoir soumis, comme en passant, plusieurs places des états romains. L'armée autrichienne, commandée par l'archiduc Charles, général brave et expérimenté, n'a plus rien à défendre en Italie, et désormais elle ne pense qu'à retarder la marche du vainqueur dans les états de la maison d'Autriche situés au-delà du Tagliamento. Cette puissance, qui en si peu de temps a perdu de si belles provinces, tremble enfin pour elle-même, et ne voit son salut que dans la paix. Cette paix est conclue à Campo-Formio, par le général Bonaparte et les ministres de l'empereur d'Allemagne. Par ce traité, la Lombardie est érigée en une république dont l'indépendance est solennellement reconnue.

Arrivée du général Bonaparte à Paris. — Expédition d'Égypte. — Congrès de Rastadt.

1797 — 1798.

Après avoir remporté en deux ans plus de victoires que d'autres généraux en plusieurs années, le général Bonaparte revint à Paris recueillir le juste tribut de gloire qu'il avait si bien mérité. Fêté par le directoire et les deux conseils, ce grand homme ne s'endormit point sur ses lauriers ; et nommé général en chef de l'armée d'Angleterre, il pensa que cette puissance ne pouvait être attaquée plus efficacement que dans ses possessions lointaines : les évènemens ultérieurs devaient changer ses dispositions à cet égard. Dans le dessein où il est d'opérer une révolution dans l'Inde, il conçoit le projet de s'emparer de l'Egypte. Bientôt, sous le voile d'un impénétrable secret, il a rassemblé dans nos ports de la Méditerranée une flotte nombreuse, et capable de porter quarante mille hommes. Il a pris ses mesures avec tant de sagesse, que déjà il s'est emparé de l'île de Malte avant que les flottes anglaises aient appris le but de ce grand armement. La même fortune qui l'a guidé dans les plaines de l'Italie l'accompagne sur les flots. Il touche aux rivages de l'Egypte ; il y débarque avec toute son armée. Un combat le rend maître de la ville d'Alexandrie ; et deux victoires remportées presque coup sur coup contre les intrépides Mamelucks, lui ouvrent les portes du Caire, et lui assurent l'entière possession de la basse

Egypte, dont il devient le législateur après en avoir été le vainqueur.

Pendant les négociations pour la conclusion de la paix, les deux grandes puissances belligérantes, la France et l'Autriche, étaient convenues d'assembler un congrès, où se trouveraient les plénipotentiaires de tous les princes qui avaient des indemnités à réclamer de la république française, et de ceux qui, ayant déjà fait leur paix avec elle, avaient ou des limites à déterminer, ou de nouveaux rapports, de nouvelles alliances à former. Ce congrès eut lieu à Rastadt ; mais l'Angleterre, qui craignait que le résultat de ses délibérations ne fût une pacification générale du continent, contraire à son ambition, agit sourdement par ses émissaires, et fit tant, qu'après plusieurs mois de lenteurs et d'inutiles débats, ce congrès fut dissous. D'ailleurs, le départ du général Bonaparte avait relevé trop haut les espérances de l'empereur d'Allemagne pour qu'il restât fidèle au traité de paix.

Nouvelle guerre en Allemagne et en Italie. — Mauvais succès des armes françaises.

1798 — 1799.

La fortune changeait pour la France; la victoire avait suivi en Egypte le vainqueur d'Arcole et de Lodi. Un an après son départ, la guerre éclate de nouveau en Italie et sur le Rhin : trois armées françaises passent le fleuve et entrent en Allemagne ; mais celle de l'aile gauche étant battue par l'archiduc Charles, celle de la droite est contrainte de se retirer du cœur de la Bavière pour rentrer sur le territoire de la république. En Italie, une nombreuse armée de Russes et d'Autrichiens envahit les états ci-devant Vénitiens, s'empare de Vérone, de Mantoue, de Milan, renverse la république Cisalpine, s'approche de Gênes, et menace la Provence d'une invasion. Elle est arrêtée dans sa marche par le général Macdonald, qui, accouru du royaume de Naples, opère sa jonction avec les débris de l'armée française. Le général qui avait fait la belle retraite devant l'armée de l'archiduc Charles va prendre le commandement de cette armée d'Italie, qui se tient sur la défensive, en attendant que l'armée d'Helvétie ait repris ses avantages contre les Austro-Russes, qui s'étaient emparés de Schaffhouse et avancés jusqu'à Zurich. Heureusement une mésintelligence pousse l'archiduc Charles à se séparer des Russes avec un corps de quarante mille hommes. Pendant qu'il assiége vainement Philisbourg, le général Masséna livre bataille, auprès de Zurich, à Korsakow, général russe, dont l'armée venait d'être affaiblie par le départ des troupes dont nous venons de parler. La grande victoire que remporta l'armée française fut le terme des succès des ennemis de ce côté, et la défaite d'un corps russe, amené d'Italie en Suisse par Suwarow, compléta leur déroute et hâta leur retraite. En Hollande, le général Brune venait de défaire

les Anglo-Russes débarqués dans ce
pays, et le duc d'Yorck avoit été trop
heureux de se rembarquer avec ses troupes, à la faveur d'une capitulation.

*Suite de la campagne d'Egypte. —
Retour en France du général Bonaparte. — Révolution des 18 et 19
brumaire. — Gouvernement consulaire.*

1799.

Après avoir donné des lois à la basse
Egypte, et envoyé dans la haute le général Desaix à la poursuite des restes
des Mamelucks, le général Bonaparte
se mit en route pour la Syrie. Saint-
Jean-d'Acre, port de mer et résidence
d'un pacha, lui parut une place trop
importante pour qu'il ne fît pas tous
ses efforts pour s'en rendre maître.
Après avoir vaincu les Turcs au mont
Thabor, il s'approche de cette place,
et en fait le siége pendant plusieurs
mois : mais l'artillerie anglaise s'oppose
à tous ses efforts, et ses braves soldats

sont repoussés dans plusieurs assauts. Néanmoins, malgré ces mauvais succès, il se serait enfin rendu maître de cette place, si la nouvelle d'un nombreux débarquement de Turcs ne lui était parvenue. Il abandonne donc le siége d'Acre, traverse le désert avec la rapidité de l'aigle, arrive en présence des Turcs, les attaque, les pousse dans la mer, et s'empare du fort d'Aboukir.

Après cet exploit, voyant toute l'Egypte dans une tranquillité profonde, il s'embarque secrètement, et son vaisseau, conduit par la Providence, après avoir traversé les croisières anglaises, arrive à Fréjus. A cette nouvelle, la France fait éclater des transports de joie, car c'est son sauveur qui revient.

Lorsque le général Bonaparte eut pris quelques semaines de repos, le conseil des anciens lui peignit vivement les maux de la patrie, et lui fit part de sa résolution de transférer le corps législatif à Saint-Cloud, afin qu'il pût délibérer tranquillement sur les mesures à prendre dans les circonstances où la France se trouvait. Nommé commandant de la garde du corps législatif et de toutes les troupes de la dix-septième division militaire, il jure, avec ses compagnons de victoire, de sauver la république. Par ses soins, la tranquillité est assurée le 18 brumaire dans la capitale, et le lendemain les deux conseils se transportent à Saint-Cloud. La sagesse préside aux délibérations du conseil des anciens, relativement aux changemens à faire dans la constitution ; mais la violence se manifeste dans celui des cinq cents : l'agitation y régnait, comme sur une mer soulevée par les vents, lorsque le général Bonaparte y entra. A son aspect, plusieurs députés furieux sortent de leur place et s'élancent sur lui : préservé de leurs coups par les braves qui l'entourent, il sort. Quelques instans après, des soldats entrent dans la salle du conseil, et obligent tous les membres à l'évacuer. Les factieux dispersés, les députés les plus sages se rassemblent, et, de concert avec le conseil des anciens, ils établissent une nouvelle constitution. Trois consuls sont créés, et le général Bonaparte en est le premier ; une commission intermédiaire est nommée pour achever ce grand travail constitutionnel, et les deux conseils sont dissous.

La République change de face. — Propositions de paix faites par le Premier Consul au roi d'Angleterre. — Passage du mont Saint-Bernard par l'armée de réserve. — Victoire de Marengo.

1799 — 1800.

Les consuls donnèrent d'abord tous leurs soins au rétablissement de la tranquillité et de l'ordre dans l'état. Toutes les branches de l'administration reprirent une nouvelle vigueur, et les armées un nouveau courage. Lorsque la commission intermédiaire eut terminé ses travaux, on vit paraître enfin une constitution dictée par la sagesse, et

capable de résister aux efforts des factions : alors la France eut un sénat, un
conseil d'état, un corps législatif et un
tribunat. Des préfectures furent établies
dans chaque département, la religion
retrouva ses temples et ses ministres, la
justice eut des organes dignes d'elle,
et l'instruction publique reprit ses droits
sur la génération naissante.

Devenu premier consul, le général
Bonaparte voulut signaler les commencemens de cette haute magistrature
par des démarches pacifiques auprès
des puissances ennemies : il écrivit donc
au roi d'Angleterre, pour l'engager à
mettre fin aux maux de la guerre. Mais
ce monarque, sans cesse détourné de
ses véritables intérêts par ses ministres,
ne répondit à ce vœu de l'humanité
que par des récriminations et des ou-
trages : c'était donc par de nouvelles
victoires sur terre que la paix maritime
devait être conquise.

Une grande armée autrichienne,
commandée par le général Mélas, après
la retraite des Russes, s'était appro-

chée de Gênes ; et les Français, affai-
blis par un grand nombre de combats,
avaient besoin de secours prompts et
nombreux. Le premier consul prend la
résolution de les leur porter : en conséquence, il assemble une armée de réserve près de Dijon. Lorsqu'il a fait
tous ses préparatifs, il se met à la tête
de ses troupes, passe à Genève, et se
rend au pied du mont Saint-Bernard.
Des hauteurs immenses, d'affreux précipices, des rochers escarpés, des sen-
tiers presque impraticables, ne sauraient
l'épouvanter ; la fortune couronne son
audace, et au moment où Mélas, sur
le point de se rendre maître de la ville
de Gênes, s'y attend le moins, il fait
son entrée à Milan, et de-là se porte sur
le Pô. Mélas envoie contre lui des
troupes ; ces troupes sont battues : enfin,
il s'ébranle lui-même avec toute son armée, dans l'espérance de forcer les
Français à lui livrer passage. Les deux
armées se rencontrent dans la plaine
de Saint - Julien, près du village de
Marengo ; une sanglante bataille s'y

livre. Enfin, après des prodiges de valeur de part et d'antre, la victoire reste au premier consul, qui, dans cette journée, eut à regretter la perte du général Desaix, un de ses plus vaillans compagnons d'armes. L'évacuation des plus fortes places de l'Italie par les Autrichiens est le premier résultat de cette victoire.

Bataille et victoire de Hohenlinden. — Traité de Lunéville. — Paix conclue à Amiens avec les Anglais.

1801 — 1802.

Après ce désastre, l'empereur d'Allemagne n'eut rien de plus pressé que de demander une suspension d'armes, et d'envoyer un plénipotentiaire à Paris pour y traiter de la paix. Pendant les négociations qui eurent lieu pour atteindre ce but, l'Angleterre, qui craignait de perdre son dernier allié, fit proposer, par le ministre autrichien, son intervention dans les mêmes négociations ; ce qui amena des lenteurs

qui pouvaient être funestes à la France.
Le premier consul, qui prévoyait ce résultat et qui ne voulait pas perdre le fruit
de la victoire de Marengo, envoie à l'armée d'Allemagne, qui s'était avancée
en Bavière, l'ordre de poursuivre ses
succès : elle obéit, et la victoire de
Hohenlinden porte l'effroi jusque dans
la capitale de l'Autriche. Pour cette
fois, l'empereur entend mieux ses intérêts, et demande, en conséquence,
un armistice qu'il obtient de la générosité du premier consul. Les négociations pour la paix sont reprises à Lunéville, et le conseiller d'état Joseph
Bonaparte a la gloire d'y conclure un
traité définitif qui doit assurer pour
long temps la paix du continent.

Privée de ce dernier allié, la Grande-
Bretagne revint enfin, quelque temps
après, à des sentimens pacifiques. La
bonne intelligence qui subsistait depuis
plus d'un an entre le premier consul et
l'empereur de Russie fut ce qui la
détermina surtout à entamer avec le
gouvernement français des négociations

relatives à la paix. Le frère aîné du premier consul, Joseph Bonaparte, fut encore nommé ministre plénipotentiaire pour entrer en conférence, à Amiens, avec le marquis de Cornwallis, envoyé de l'Angleterre. Quelques mois après fut enfin conclu un traité de paix, en vertu duquel la France renonça à plusieurs de ses conquêtes, et où furent comprises les puissances ses alliées.

Expédition de Saint-Domingue. — Le Concordat. — Fin de la guerre des Chouans. — Rappel d'un certain nombre d'Émigrés. — Le Premier Consul est déclaré Président de la République Italienne.

1802.

Le premier consul, devenu le pacificateur de l'Europe, jeta ses regards sur l'île de Saint-Domingue. Cette importante colonie, devenue pour ainsi dire la propriété de Toussaint Louverture, devait enfin rentrer sous la domination de la mère-patrie. Une flotte et une armée sortent des ports de France pour aller la conquérir : le général Leclerc est commandant de l'expédition. A l'arrivée de ces forces, Toussaint Louverture, consterné, a recours-à la ruse, et bientôt il se déclare ouvertement contre elles. Battu en plusieurs rencontres, il se soumet, et ensuite se livre à de sourdes pratiques. Arrêté avant qu'il ait pu rentrer en campagne, il est envoyé en France comme prisonnier d'état.

Délivré des soins de la guerre, le premier consul fit en même temps un grand acte de religion et un grand acte d'humanité. Pour rétablir l'unité dans l'exercice du culte catholique, et en même temps pour séparer invariablement les droits de la puissance spirituelle de ceux de la puissance temporelle, il entama une négociation avec le chef de l'église, laquelle finit par un concordat. Alors disparurent toutes les traces du schisme ; et de vertueux pasteurs, placés dans les siéges épiscopaux par le

concours des deux puissances, ne s'oc-
cupèrent qu'à prêcher la soumission aux
lois de l'état. Les cultes réformés n'attirèrent pas moins l'attention du gouvernement ; et mis en harmonie avec les
principes d'une sage liberté, ils devinrent l'objet d'un intérêt politique et
d'une protection égale à celle qui était
accordée au culte catholique. Non
seulement les ministres des cultes res-
sentirent les bienfaits du gouvernement
consulaire, mais encore les Français,
qu'un délire passager ou d'injustes
proscriptions avaient éloignés de leur
patrie, et qui, dans leur infortune, n'a-
vaient point à se reprocher d'avoir
porté les armes contre elle, apprirent
avec la plus vive reconnaissance le décret qui leur permettait de rentrer dans
le sein de leurs familles. Auparavant, la
guerre de la Vendée avait été terminée
par la fermeté et la sagesse du premier
consul.

Cependant cette république Cisalpine,
qui naguère avait été presque aussitôt
relevée par le bras du vainqueur de

Marengo qu'elle avait été renversée par l'ennemi, éprouvait le besoin d'une constitution solide, et qui lui donnât de la considération auprès des puissances étrangères ; le premier consul, qui l'avait créée, voulut le satisfaire ; il en convoqua donc à Lyon les principaux citoyens ; lorsqu'ils furent assemblés, il voulut être leur président, pour les éclairer de ses conseils. Cette *consulta*, avant de fixer les bases de la constitution de la république italienne, ne crut pas commencer cette charte importante d'une manière plus solennelle, que par un décret qui le nommait président de cette même république.

La guerre recommence entre la France et l'Angleterre. — Préparatifs de descente sur les côtes de ce royaume. — Conspiration de Georges Cadoudal et de ses complices contre le Premier Consul. — Code civil. — Le Premier Consul est nommé Consul à vie.

1803 — 1804.

Le traité d'Amiens n'était pour l'Angleterre qu'une trêve dont elle espérait profiter pour renouer ses intrigues sur le continent, et pour s'emparer des bâtimens français qui naviguaient dans les mers de l'Amérique ; mais voulant colorer ses intentions, qui n'avaient pas cessé d'être hostiles au milieu de la paix, elle se servit du prétexte de quelques faibles armemens pour jeter un cri de guerre. La paix, qui n'avait duré qu'une année, fit donc place à une guerre dont le terme devenait désormais indéfini. Pour répondre à cette injuste agression, le premier consul ordonna la construction d'un grand nombre de chaloupes canonnières, destinées à jeter sur les côtes britanniques une nombreuse armée. Cette imposante flottille, bientôt rassemblée de plusieurs points dans le port de Boulogne, jeta l'alarme jusque dans le cœur de l'Angleterre. En vain les amiraux de cette puissance s'efforcèrent de la détruire par des bombardemens réitérés, ils ne rapportèrent chez eux que la honte de leur entreprise.

Lorsque le premier consul faisait contre son ennemi ces effrayans préparatifs, une affreuse conspiration était tramée à Londres contre sa vie, par un certain nombre de ces émigrés qui avaient pris le plus de part dans la guerre des chouans. Leur chef était Georges Cadoudal, homme féroce, et disposé à commettre tous les crimes. Un général célèbre, que ses relations avec les ennemis de l'état avaient fait bannir de son pays, mit le comble à son déshonneur en s'associant à ces traîtres. Un autre général, non moins célèbre, flétrit ses lauriers en les accueillant après leur débarquement. La Providence, qui veillait sur les jours déjà plusieurs fois menacés du premier consul, ne permit pas l'exécution de leur complot : à peine arrivés dans la capitale par différentes routes, ils sont tous connus, signalés, poursuivis, arrêtés, et punis selon la rigueur des lois et la part qu'ils ont prise à la conspiration.

Les dangers sans cesse renaissans aux-

quels le premier consul était exposé ne
le détournaient pas des soins du gouvernement : les besoins du commerce,
des arts, de l'agriculture, de la religion, de l'instruction publique, le
trouvaient toujours attentif; mais ses
pensées se portaient surtout vers l'administration de la justice et sur les
principes qui doivent en être la base.
Il vit cette administration et ses principes trop subordonnés aux interpréta-
tions arbitraires; il vit beaucoup de lois,
et ne vit aucun code. Résolu de faire
cesser cet ordre de choses, qui amenait
souvent l'injustice et le désordre, il
conçut le projet de le remplacer par une
législation invariable, et le code civil,
qui depuis fut appelé code Napoléon,
parut.

La reconnaissance du peuple français
pour les grandes choses que son premier
magistrat avait faites en si peu d'années,
dut se manifester avec éclat : comme le
terme où, d'après la charte constitutionnelle, il devait cesser ses impor-
tantes fonctions approchait, on craignit

universellement de perdre l'espérance de tout ce qu'il méditait pour la gloire de la France ; aussi tous les vœux ayant été consultés, se prononcèrent-ils tous en faveur de la perpétuité de ses fonctions de premier consul.

Institution de la Légion d'Honneur. — Le Sénat décerne au Premier Consul la dignité impériale. — Sacre et couronnement de l'Empereur.

1804.

Pendant les guerres précédentes, un grand nombre de braves soldats s'étaient distingués par des actions d'éclat : pour les récompenser, les consuls avaient distribué à un certain nombre d'entre eux des armes d'honneur ; mais il en restait un plus grand nombre encore qui s'étaient rendus dignes de la munificence du gouvernement ; et de plus, les magistrats recommandables par leurs services, et les savans dont les lumières avaient tourné à l'avantage de leur patrie, devaient aussi obtenir un prix plus propre à les honorer qu'à les enrichir. L'institution d'une légion d'honneur parut aux consuls le moyen le plus capable de remplir toutes ces conditions. Cette légion fut portée à six mille hommes. Ce devait être bientôt un ordre de chevalerie dont tous les membres porteraient une aigle suspendue à un ruban rouge.

La dignité de premier consul n'imposait point assez aux puissances étrangères, qui voyaient dans cette magistrature temporaire une source de troubles et de révolutions dont elles espéraient bien profiter ; et depuis quelque temps tous les bons esprits de la république soupiraient après une monarchie constitutionnelle, mais héréditaire, et désiraient que le héros qui avait si bien défendu sa patrie fût placé sur un trône impérial. Le tribunat fut le premier qui prononça ce vœu, et peu après le sénat déclara, par un sénatus-consulte célèbre, Napoléon Bonaparte empereur des Français, et la dignité impériale héréditaire dans sa famille. Dès l'instant de cette grande révolution, les formes monarchiques commencèrent à reparaître, et la majorité des Français s'en réjouit. Pour donner plus d'éclat à son couronnement, le nouvel empereur désira d'être sacré par le chef suprême de l'église, Pie VII. Ce pontife se rendit à ses vœux, et la France apprit avec une vive satisfaction que Napoléon avait reçu l'onction sainte dans l'église métropolitaine de Notre-Dame de Paris. Alors la France s'enorgueillit d'un empereur admiré de l'univers et redouté de toute l'Europe.

Napoléon, Empereur des Français, est couronné Roi d'Italie. — Réunion du territoire génois à la France. — Pacification de la Suisse. — Guerre d'Autriche. — Traité de Presbourg.

1805.

La république italienne ne tarda pas à suivre l'exemple des Français : Napoléon en accueillit le vœu qui lui déférait la dignité royale, et peu après il se

3

rendit à Milan, où il posa sur sa tête la couronne de fer. Pendant son séjour dans cette ville, les députés de la république de Gênes se rendirent auprès de lui, chargés de lui offrir le vœu de ses habitans pour leur réunion à l'empire français. Peu après la Suisse lui envoya les siens, pour mettre sous sa protection son indépendance et sa liberté. Par sa puissante médiation, ce monarque étouffa toutes les haines, et réunit tous les partis dans cette ancienne république. Ce fut alors qu'il prit le titre glorieux de *Médiateur de la Confédération suisse.*

Cependant la maison d'Autriche, gagnée par l'or de l'Angleterre, renonçait à ses véritables intérêts, pour reprendre les armes, et l'empereur de Russie assemblait une armée pour venir à son secours. Napoléon ne se pressa point de répondre à ces hostilités; mais lorsqu'il apprit qu'une grande armée autrichienne était entrée en Bavière, et qu'elle s'acheminait vers le Rhin, il donna le signal à ses braves campés à Boulogne et dans les environs, et dans un clin d'œil, pour ainsi dire, il eut rassemblé au-delà du Rhin une armée de cent cinquante mille hommes. Déjà l'armée autrichienne menaçait le Wurtemberg et la rive gauche du Rhin, après avoir envahi la Bavière. Il traverse la Franconie, et en manœuvrant sur ses derrières, il la force d'abandonner la forte position qu'elle avait prise. Bientôt cette armée conquérante est réduite à prendre la fuite. Coupée de tous côtés, elle laisse le champ libre à l'impétuosité française, dirigée par le génie de son chef. Une grande partie de cette armée fugitive a cherché un asile dans la ville d'Ulm. Assiégée, elle se rend presque aussitôt, et défile devant Napoléon, ayant à sa tête son général, Mack : rien n'arrête plus les colonnes françaises. Après quelques combats où les Russes qui venaient d'arriver sont mis en fuite, elles font leur entrée à Vienne, ville capitale de l'Autriche.

L'empereur d'Allemagne s'enfuit alors en Moravie, avec les débris de son armée. Réuni à l'empereur Alexandre, il ose encore tenter le sort d'une bataille dans la plaine d'Austerlitz. Malgré la rigueur de l'hiver, les Français, peu effrayés du nombre de leurs ennemis, les attaquent, les coupent, les culbutent, et les mettent dans une déroute complète. Alexandre s'enfuit dans ses états avec les restes de ses troupes vaincues ; mais l'empereur d'Allemagne ose compter sur la générosité du vainqueur : les deux monarques apprennent à s'estimer dans une entrevue, et cette communication, qui a lieu dans le bivouac de Napoléon, amène, peu de temps après, le traité de Presbourg.

Suites du traité de Presbourg. — Confédération du Rhin. — Elévation de Joseph Bonaparte au trône de Naples, et de Louis Bonaparte sur le trône de Hollande. — Inutiles négociations de paix avec l'Angleterre.

1806 — 1807.

Par le traité de Presbourg, l'électeur

de Bavière fut élevé à la dignité royale, ainsi que ceux de Wurtemberg et de Saxe. Ils avaient mérité ce rang suprême par leur dévouement aux intérêts de l'empire français. Le prince Eugène Napoléon, vice-roi d'Italie, épouse la fille du roi de Bavière, et l'état de Venise est incorporé au royaume d'Italie. Les anciens rapports des princes germaniques avec l'empereur d'Allemagne changèrent aussi dans ces circonstances : ces princes formèrent entre eux une confédération dont ils prièrent l'empereur Napoléon d'être le chef et le protecteur. Cette révolution dans l'Empire germanique, en changeant tous les anciens rapports de ses membres les uns avec les autres, obligea l'empereur d'Allemagne à renoncer aux droits qu'il exerçait sur eux; mais il prit le titre d'empereur d'Autriche. C'était l'époque des grands changemens. Le frère aîné du premier consul, Joseph Bonaparte, fut élevé sur le trône de Naples, le roi Ferdinand s'étant déclaré partisan des

Anglais , malgré ses traités avec la France.

Depuis la révolution qui s'était opérée dans son sein après l'entrée d'une armée française , la Hollande , qui d'abord avait eu son directoire, et qui s'était ensuite donné un grand-pensionnaire , ne trouvait aucun moyen de sortir du malaise où l'avait jetée son isolement de la France, de l'Angleterre et de l'Allemagne. Espérant que le système monarchique, et surtout qu'un frère de l'empereur Napoléon la rendraient plus heureuse , elle offrit au prince Louis Bonaparte la dignité royale.

Cependant un ministre judicieux et ami de la paix venait de succéder, en Angleterre, au célèbre Pitt ; c'était Fox, qui, pendant la dernière paix, était venu en France, où il avait vu de près le premier consul. Voulant signaler son ministère par un grand acte d'humanité, il résolut de faire cesser les inimitiés qui subsistaient depuis si long-temps entre sa patrie et la France. A cet effet il envoya à Paris le lord Lauderdale pour entrer en négociation avec le gouvernement français. La paix allait être conclue, lorsque la mort le ravit à l'Angleterre. Les partisans de la guerre dans ce pays poussèrent des cris de joie de cet événement, et leur satisfaction ne fut pas moins grande lorsqu'ils apprirent que l'empereur Alexandre avait refusé de ratifier le traité conclu à Paris, en son nom, par M. d'Oubril.

Guerre de la France contre la Prusse. — Victoire d'Iéna. — Campagne de Pologne. — Paix de Tilsitt. — Elévation de Jérôme Napoléon au trône de Westphalie. — Création du grand-duché de Varsovie.

1807 — 1808.

La Prusse, puissance formidable, venait de rassembler toutes ses forces ; ses armées, poussées comme par un esprit de vertige, marchaient à grands pas vers le Rhin ; une partie de la Saxe était envahie, et tous les états de la confédération étaient menacés. Heureusement une grande partie des braves qui avaient vaincu à Austerlitz n'étaient point encore rentrés en France. Napoléon leur envoie de nombreux renforts, et bientôt il part pour se mettre à leur tête. Par de savantes manœuvres, ce prince a bientôt déconcerté les plans du monarque prussien. Les armées se rencontrent dans la plaine d'Iéna, et la puissance prussienne y trouve son tombeau. Après cette éclatante victoire, la Saxe est évacuée, Berlin ouvre ses portes au vainqueur, et les plus fortes places de Frédéric Guillaume III tombent les unes après les autres. D'un côté la Silésie est envahie, de l'autre la Poméranie : Varsovie se rend ; les Français passent la Vistule comme ils ont traversé l'Elbe et l'Oder, et le théâtre de la guerre s'ouvre au milieu des plaines de la Pologne. Une armée russe s'est réunie aux faibles débris de l'armée prussienne : mais les Bavarois, les Saxons et les Polonais combattent avec les Français ; de nouvelles victoires accompagnent Napoléon. A Eylau, à Friedland, les Russes sont battus ; sur la Baltique, le port et la ville de Dantzick sont emportés après un siége mémorable. Poursuivie jusque sur les bords du Niémen, l'armée russe n'a que le temps de mettre ce fleuve entre elle et l'armée française. Revenu à des sentimens pacifiques, l'empereur Alexandre demande une entrevue à Napoléon : cette entrevue a lieu au milieu du fleuve. Après une courte conférence, les deux monarques se séparent, et la ville de Tilsitt est choisie pour leur séjour et pour celui du roi de Prusse pendant la durée des négociations. Lorsque les princes négocient eux-mêmes, ils se sont bientôt entendus : peu de jours ont suffi pour la conclusion de la paix.

Par ce traité, le roi de Prusse, qui avait perdu presque tous ses états, en conserve, par la générosité du vainqueur, la plus grande partie ; l'empereur de Russie obtient un agrandissement de territoire ; le roi de Saxe devient grand-duc de Varsovie, et le prince Jérôme Napoléon, qui, pen-

dant cette courte et glorieuse campagne, avait donné des preuves éclatantes de valeur et de sagesse, est élevé
sur le trône de Westphalie.

Affaire d'Espagne. — Guerre contre
l'Autriche. — Bataille de Wagram.
— Paix de Vienne. — Mariage de
l'Empereur avec l'archiduchesse Ma-
rie-Louise.

1808 — 1809 — 1810.

Après avoir pacifié le nord de l'Europe, Napoléon se vit bientôt dans la
nécessité d'en pacifier le midi. Par l'effet d'une conjuration tramée contre
sa personne, le roi d'Espagne, Charles IV, avait abdiqué la couronne en
faveur du prince des Asturies, qui
avait pris le nom de Ferdinand VII.
Cette révolution, dont les Anglais devaient profiter, intéressait de trop près
la tranquillité de l'empire pour que
l'empereur la vît de bon œil. Ce prince
partit donc pour Bayonne afin de voir de
plus près ce qui se passait en Espagne:

il n'y fut pas plutôt arrivé, que le roi détrôné se rendit auprès de lui , pour se mettre sous sa protection, et réclamer contre la violence qui lui avait été faite. Peu après arriva le nouveau roi. Alors le père et le fils, se reconnaissant incapables de gouverner désormais les Espagnes, renoncèrent à tous leurs droits sur cette couronne en faveur du roi des Deux-Siciles, dont les états passèrent au prince Joachim, beau-frère de l'empereur, et grand-duc de Berg. Tous les arrangemens relatifs à cette grande affaire étant terminés, une junte, composée des principaux membres des trois ordres de l'Espagne, s'assembla à Bayonne, à l'effet d'y travailler à une constitution convenable aux peuples de ce royaume. Lorsque cet important travail fut achevé, le roi Joseph partit pour Madrid , escorté de presque tous les membres de la junte, et Napoléon revint dans sa capitale. Peu de mois après, le monarque espagnol, contraint de sortir de la sienne, alla chercher sa sûreté au-delà de l'Èbre, et appela l'empereur à son secours. Presque toutes les provinces de l'Espagne s'étaient soulevées contre lui, et comme notre Henri IV, il devait conquérir son royaume. L'empereur entendit la voix de son frère, et marcha vers l'Espagne avec une grande armée. Trois cent mille Espagnols, partagés en plusieurs corps, dont les plus considérables étaient ceux de la Galice, de l'Estramadure et de l'Andalousie, se présentèrent successivement devant les colonnes françaises, et successivement furent taillés en pièces. Maître de Madrid, l'empereur fit grâce à cette capitale en faveur de son frère, et partit pour cueillir, au-delà du Rhin, de nouveaux lauriers.

L'empereur d'Autriche avait profité du séjour de l'empereur Napoléon en Espagne pour lever la plus grande armée qu'il eût jamais eue, et entrer en Bavière. Déjà Munich avait été enlevé à son souverain, et deux cent mille Autrichiens se précipitaient vers le Rhin, lorsque Napoléon se met à la tête de ses troupes. En peu de jours, par ses savantes manœuvres, et par les victoires d'Abensberg, d'Eckmüll, de Ratisbonne et de Landshut, cette armée ennemie, qui menaçait d'envahir toute l'Allemagne qu'elle avait appelée aux armes contre la France, est coupée, dispersée : une partie s'enfuit en Bohême, une autre se retire précipitamment sur Vienne, et une troisième cherche son salut dans le Tirol. L'armée d'Italie, commandée par le prince vice-roi, obtenait aussi des succès ; et lorsque la grande armée s'approchait de Vienne, elle se hâtait, par ses victoires, de s'y réunir par la Hongrie. Un événement inattendu arrive sur le Danube, retarde le passage du vainqueur ; mais cet événement, tout malheureux qu'il est, fait éclater la valeur française : Essling n'est pas moins célèbre que Wagram. Deux mois après, toute l'armée française passe le Danube sur un pont construit comme par miracle. L'armée autrichienne, attaquée dans la plaine de Wagram, est culbutée ; poursuivie, elle fait encore à Olmutz une perte considérable. Le monarque d'Autriche demande la paix ; l'empereur, toujours modéré après la victoire, la lui accorde à d'honorables et justes conditions : le traité en est signé à Vienne, et Napoléon revient dans la capitale de l'empire. Un heureux hymen doit consolider cette paix ; et quelques mois se sont à peine écoulés, que Napoléon épouse à Paris, le 1er avril 1810, l'archiduchesse Marie-Louise, fille aînée de l'empereur d'Autriche.

Voyage de l'Empereur et de l'Impératrice dans les départemens de la Belgique.— Fêtes qui leur sont données par la ville de Paris, par le Sénat, par la Garde impériale, etc.

1810.

Le surlendemain de son mariage, l'empereur partit pour Compiègne avec sa jeune épouse. Après y avoir fait un séjour de quelques semaines, il voulut visiter avec elle les départemens de la Belgique. En passant à Saint-Quentin, ces augustes voyageurs ne dédaignèrent pas de porter leurs regards sur le canal de ce nom, qui, joignant l'Escaut à la Somme et à la rivière d'Oise, est aujourd'hui, pour le commerce de la capitale avec les provinces du nord, un lien si important de communication. L'empereur vit avec satisfaction que ses ordres relatifs à ce grand ouvrage avaient été fidèlement et promptement exécutés; et tous ceux qui, par leur zèle et leurs talens, l'avaient porté à sa perfection, éprouvèrent la munificence de ce monarque.

Il serait trop long de décrire les fêtes et les transports de joie avec lesquels les habitans des anciennes provinces belgiques accueillirent leur nouvelle souveraine, la fille de tant de monarques qui avaient régné sur eux. Les villes et les campagnes se dépeuplaient, et les routes par où elle devait passer se couvraient d'une multitude innombrable qui, à son aspect, ne se possédait plus d'attendrissement, et faisait retentir les rives de l'Escaut des plus touchantes acclamations. L'empereur n'était pas l'objet d'hommages moins glorieux et moins flatteurs ; tous les vœux que les peuples lui adressaient étaient ceux de l'amour, de l'admiration, de la reconnaissance. Il allait à Anvers, ce boulevard du nord contre les entreprises des Anglais sur l'Escaut. A sa présence, tout s'anime, la mer se couvre de vaisseaux ; Flessingue voit ses remparts se relever, et son port devenir plus que jamais la terreur des flottes britanniques. Ce fut pendant ce voyage que, portant ses regards sur les productions des départemens qui l'environnaient, il proposa et promit un prix d'un million de francs à celui qui inventerait le moyen de préparer le lin de manière qu'on pût l'employer comme le coton. C'est aussi pendant ce voyage que, d'après les conventions avec son frère le roi de Hollande, il réunit à l'empire les îles de la Zélande et quelques pays de la rive droite de l'Escaut, sous le nom de *Département des Bouches de l'Escaut*.

Les habitans de la capitale étaient dans l'impatience de revoir leur jeune souveraine, qui, après son mariage, n'avait passé, pour ainsi dire, que quelques heures au milieu d'eux : son retour et celui de l'empereur sont le signal des fêtes les plus pompeuses, les plus brillantes. Les deux époux se rendent avec toute la cour et plusieurs souverains étrangers à l'hôtel de ville de Paris, où l'élite de la population de cette capitale de l'empire les attendait. Ils s'asseyent à un banquet magnifique qui leur a été préparé ; l'impératrice met ensuite le feu aux artifices disposés au milieu du fleuve, et à l'instant la flamme s'échappe de toutes parts, sous mille et mille formes, toutes plus réjouissantes les unes que les autres. A ce spectacle enchanteur succède un bal où l'affabilité de l'empereur et de son auguste compagne fait oublier et la pompe du spectacle et le plaisir de la danse. Bientôt toutes les cités de l'empire, et même de simples villages, imiteront les fêtes de la capitale, et répondront, par leur joie, à celle des Parisiens. Le sénat, les ministres, les princes grands-dignitaires, la garde impériale, les ambassadeurs, veulent aussi célébrer à leur tour le glorieux hymen dont toute la France se réjouit. Hélas! pourquoi, au milieu de cette explosion de l'allégresse générale, le plus désastreux événement, et le plus imprévu, plongea-t-il dans le deuil quelques familles considérées de l'empereur? L'incendie arrivé dans la maison de l'ambassadeur d'Autriche prouva bien alors que sur la terre il n'est point de bonheur sans mélange, et que le mal est souvent à côté du bien.

Au sein de la victoire, et du plaisir qu'elle cause au vainqueur, Napoléon avait eu à pleurer la mort de son fidèle compagnon d'armes, le duc de Montebello. En reconnaissance des services nombreux et signalés qu'il en avait reçus dès le commencement de sa carrière militaire, il avait ordonné que la dépouille de ce grand capitaine fût transportée du fond de l'Allemagne à Paris, avec tous les honneurs religieux, militaires et civils, pour être déposée sous les voûtes du temple de Sainte-Geneviève. Cet ordre venait d'être exécuté avec une pompe dont le souvenir restera long-temps gravé dans l'esprit de tous ceux qui en furent témoins.

Travaux administratifs de l'Empereur. — Guerre d'Espagne. — Organisa- des Provinces Illyriennes et des États Romains.

1810.

Après avoir donné quelques jours aux fêtes de son mariage, l'empereur se livra avec une nouvelle activité aux pénibles fonctions du gouvernement de ses vastes états, et ses regards se portèrent successivement sur tous les objets d'où dépendait le bonheur de ses peuples. Dans toute l'étendue de l'empire, les tribunaux de justice prirent une nouvelle forme; les Cours criminelles et d'appel, réunies, reçurent la dénomination de *Cours impériales,* du sein desquelles émanèrent les Cours d'assises et les Cours spéciales. Le Code pénal, qui devait servir de règle aux jugemens de ces derniers tribunaux, reçut en même temps la sanction du corps législatif. Les abus qu'avait entraînés depuis plus de vingt ans la liberté indéfinie de la presse, devaient disparaître sous un prince ami des mœurs et de la tranquillité des peuples, et réclamaient en conséquence le rétablissement des anciens réglemens relatifs à l'imprimerie, et de nouvelles mesures concernant la librairie. Une direction générale pour les deux professions fut créée, un conseiller d'état en fut nommé le chef, et sous sa dépendance furent établis des censeurs impériaux et des inspecteurs généraux de l'imprimerie et de la librairie. Le commerce français, tourmenté par la rivalité de celui de la Grande-Bretagne, sera dégagé des tributs honteux qu'il payait depuis si long-temps à nos éternels ennemis. Toutes nos fabriques seront encouragées par l'exclusion de toute concurrence; de magnifiques récompenses sont promises aux cultivateurs et manufacturiers qui pourront remplacer les denrées coloniales colorantes par des productions indigènes, et à ceux qui réussiront à fabriquer un sucre national qui puisse égaler celui des colonies. Quant aux marchandises fabriquées en Angleterre, elles deviennent la proie d'un incendie universel dans toute l'étendue de l'empire : justes représailles des mesures injustes du gouvernement anglais contre le commerce de l'empire.

Si nous sortons de nos frontières, si nous parcourons les provinces de l'Espagne, et que nous nous approchions du Portugal, partout nous trouverons la victoire fidèle à nos armées. En moins de deux ans, la Navarre, la Catalogne, la Biscaye, l'Arragon, les Asturies et les deux Castilles ont été soumises. Après que l'empereur a eu dissipé, semblable à un vent impétueux, d'innombrables troupes d'insurgés, et qu'il a eu placé lui-même son frère, le roi Joseph, sur le trône de Madrid, les généraux de ses armées ont poursuivi sans relâche l'accomplissement de ses desseins. Girone, Tortose, Lérida, Méquinenza, Murviédro, et autres fortes places, sont tombées successivement au pouvoir de l'armée française ; les vaisseaux britanniques ont été repoussés des rivages de la Catalogne et des Asturies. Le roi Joseph, après une brillante victoire, a traversé les montagnes qui le séparaient de l'Andalousie et de la province de Grenade. Séville, Cordoue ont été soumises ; et la ville de Cadix, le foyer principal de l'insurrection espagnole, tremble pour elle - même, à l'aspect d'une armée qui s'empare des défenses qui la sépare du continent, et lance jusqu'au milieu de ses remparts les instrumens de sa destruction. Si l'armée combinée des Anglais et des Portugais, voulant donner son appui aux insurgés de l'Espagne, s'avance jusqu'à Talaveyra della Reyna, la valeur française la fait repentir de son audace ; et malgré les rapports de son général, le résultat de la sanglante ba-

taille qui s'est donnée dans cet endroit,
prouve que cette armée nous a aban-
donné la victoire. En effet, après s'être
retirée du champ de bataille, considéra-
blement affaiblie, loin de continuer sa
marche en avant, elle va se réfugier
sous les remparts de Ciudad-Rodrigo.
Les insurgés, dont elle avait un peu
relevé le courage et les espérances, se
rassemblèrent, quelques mois après, de
l'Estramadure et de la Galice, dans l'in-
tention de marcher sur Madrid. Le roi
ne leur donna pas le temps de se réunir. Attaquée à Chiclana, une de leurs
armées fut mise en déroute, et l'autre
eut le même sort quelques jours après.
Délivrée des inquiétudes que des ras-
semblemens si nombreux lui avaient données, et rassurée sur sa gauche par les
succès des troupes françaises dans l'Estramadure, l'armée aux ordres du prince
d'Essling se disposa à faire son entrée
en Portugal. Avant d'y réussir, elle devait se rendre maîtresse des fortes places
de Ciudad-Rodrigo et d'Alméida, dans
le voisinage desquelles l'armée anglaise

était campée. Successivement assiégées et menacées d'un assaut, elles se rendent par capitulation, en présence des Anglais, qui, pour les secourir, n'avaient fait que des efforts partiels et infructueux. Privé de ces appuis, le général anglais Wellington se retire par les rives du Mondégo sur Busaco, où il élève de formidables retranchemens. Il y est poursuivi par l'armée victorieuse. Après un combat meurtrier, il abandonne toutes ses positions, et cherche son salut dans les montagnes entre la mer et le Tage, à quelques lieues de Lisbonne. Le prince d'Essling, dont les troupes se sont emparées de Coïmbre, va camper vis-à-vis de ses retranchemens, et le provoque en vain à une bataille. Six cents pièces de canon défendent Wellington, et ferment la route de Lisbonne. Fatigué par ses inutiles provocations, convaincu de l'impossibilité où il est de forcer l'armée ennemie à abandonner ses inexpugnables positions, et surtout prévoyant une disette dans un pays ravagé, le général français ramène ses troupes vers les frontières, et leur fait prendre poste à Santarem, en attendant qu'un temps plus favorable aux opérations militaires lui permette de poursuivre ses succès.

Pour rendre compte des affaires d'Espagne, nous avions oublié d'entretenir nos lecteurs de l'organisation des provinces illyriennes. Cette nouvelle dénomination, qui rappelle le souvenir de cette ancienne Illyrie, si célèbre dans l'histoire romaine et dans celle du Bas-Empire, avait été donnée à ces pays situés au-delà du golfe adriatique, dont une partie avait appartenu à la république de Venise, et l'autre à la maison d'Autriche, et qui avaient été cédés à la France par le dernier traité de Vienne. L'Istrie, la Dalmatie, l'Albanie ex-vénitienne, le littoral hongrois, une partie de la Styrie, la Carniole, et une partie de la Croatie autrichienne, composent cette vaste réunion. Leur grand éloignement des frontières de l'empire obligea l'empereur de n'en former qu'un gouvernement général, mais un gouvernement conforme, autant que le génie de leurs habitans et les localités l'exigeaient, au droit commun et aux institutions en vigueur dans les départemens de l'empire. L'exercice du culte, l'administration de la justice, les rapports des peuples entre eux, l'instruction publique, l'agriculture, le commerce, tous ces objets attirèrent son attention; et ce qui doit surtout attacher les Illyriens à leur nouveau gouvernement, un grand nombre de leurs enfans obtinrent la faveur d'être instruits en France, les uns dans les lettres et dans les beaux-arts, et les autres dans ces professions mécaniques connues sous le nom d'*arts et métiers*. Une autre mesure bien capable de rendre ces provinces florissantes, c'est celle qui ordonne qu'elles seront l'entrepôt du commerce du Levant avec le royaume d'Italie et l'empire.

Ce fut aussi à cause de la distance qui les sépare des provinces de l'empire, que les états romains, divisés en deux départemens, furent constitués en un gouvernement général dont le chef sera un grand dignitaire. D'après cette importante organisation, la ville de Rome est déclarée la seconde de l'empire. Qu'elle se réjouisse de ses nouvelles destinées ! ses campagnes seront mieux cultivées, son commerce deviendra plus florissant; ses habitans, plus industrieux, plus laborieux, auront des mœurs plus pures, et les monumens des arts qu'elle renferme dans ses murs sortiront des ruines qui les entouraient, ou sous lesquelles ils étaient ensevelis. Mais si elle a cessé d'obéir au premier pasteur de l'église catholique dans ce qui concerne la puissance temporelle, elle ne cesse point pour cela d'être le centre de la catholicité ; son évêque sera toujours le chef de l'église, toujours indépendant pour l'exercice de ses droits spirituels ; devenu un des premiers sujets du plus bel empire du monde, il donnera aux fidèles l'exemple de la soumission à César, et son autorité n'en sera que plus affermie.

Réunion de la Hollande et des villes anséatiques à l'Empire. — Rétablissement de la bonne intelligence entre l'Empereur et les États-Unis de l'Amérique. — Institution de la Société maternelle, et de six Maisons de jeunes orphelines.

1810.

La réunion de la Hollande à l'empire français suivit de quelques mois célle des états romains. Ce pays, érigé en monarchie, depuis quelques années, en faveur du prince Louis Napoléon, frère de l'Empereur, offrait trop de facilités au monopole anglais, et sa position, à l'égard de la France, étoit trop pénible à ses habitans, pour que l'empereur ne profitât pas de la première occasion pour le faire entrer dans le nombre des départemens qui composent ses vastes états. Le roi de Hollande lui présente lui-même cette occasion par l'abdication de sa dignité royale, en faveur de son fils en bas âge, le grand-duc de Berg. A la nouvelle de cet événement, qui intéressait de trop près la tranquillité de la Hollande, et qui compromettait la sûreté du nord de l'empire, l'empereur, qui n'avait pas été consulté, crut devoir prévenir les suites dangereuses d'une régence qui aurait pu devenir ou faible ou orageuse : le royaume de Hollande fut donc déclaré partie intégrante de la France, et constitué en un gouvernement général, dont le prince archi-trésorier fut nommé le chef. La ville d'Amsterdam, chef-lieu d'un département, devint la troisième ville de l'empire, et le siége d'une Cour impériale ; un certain nombre de Hollandais furent admis dans le sénat, dans le conseil d'état, dans le corps législatif, dans la Cour de cassation et dans le conseil des prises, et la garde du roi fut incorporée dans la garde impériale. Le roi Louis, dont les goûts paisibles le portaient à mener une vie retirée, reçut un dédommagement annuel de deux millions de francs, et le grand-duc de Berg, son fils, fut déclaré propriétaire à perpétuité de ce titre et des états qui le lui avaient donné. Ce fut un touchant spectacle que celui que l'empereur offrit à sa famille, lorsque, prenant ce jeune prince entre ses bras, il lui enseigna les devoirs qu'il aurait à remplir un jour envers le chef de sa maison et envers la France.

Les départemens hollandais ne devaient pas être au nord la frontière de l'empire ; une partie des motifs qui avaient porté l'empereur Napoléon à s'en emparer, devaient l'engager à étendre sa domination sur les villes anséatiques de Brême, de Hambourg et de Lubeck, et sur toutes les côtes de la mer du Nord, jusqu'à la Baltique. Le territoire de ces villes forma donc de nouveaux départemens français, où toutes les lois et institutions de l'empire furent mises en vigueur. Le prince d'Eckmüll en fut nommé gouverneur général, tant au militaire qu'au civil. Cette grande mesure, si funeste en elle-même au commerce britannique qui s'effraya de ces nouvelles entraves, fut suivie de ce décret d'une si hardie et si vaste conception, qui ordonne qu'un canal de navigation sera creusé entre la mer Baltique et le Rhin : ainsi, le commerce des Français et des peuples de la confédération sera à l'avenir à l'abri des pirates anglais dans un espace de deux cents lieues.

Pendant que l'empereur fait, sans tirer l'épée, une guerre si active à l'Angleterre, il rétablit les anciens nœuds qui unissaient la France aux États-Unis de l'Amérique, en révoquant à leur égard les dispositions de ses décrets de Berlin et de Milan, rendus en représailles des arrêts par lesquels le conseil britannique a ordonné le blocus universel de tous les ports, et de toutes les côtes de l'empire et des puissances ses alliées : mais cette révocation, pour être exécutée, suppose ou que ce conseil rapportera ses arrêts, ou que le gouvernement américain fera respecter son pavillon. De ces deux conditions, la seconde ayant été remplie, les décrets furent révoqués dans le temps fixé par l'empereur.

Ce monarque ne s'appliquait pas tel-lement aux affaires politiques et aux moyens d'affaiblir la puissance de la Grande-Bretagne, qu'ils lui fissent ou-blier les intérêts de l'humanité indi-gente ou souffrante. Déjà il avait éta-bli, dans un grand nombre de départe-mens, des dépôts pour les mendians des deux sexes ; il lui restait à venir au secours des pauvres mères de famille et des jeunes orphelines dont les pères étaient morts au service de l'état ou sur le champ de bataille. Pour le soulage-ment des premières, il institua la so-ciété maternelle sous la protection et la présidence de l'impératrice Marie-Louise : un revenu de cinq cent mille francs fut d'abord affecté à cet établis-sement de bienfaisance, et les dames les plus distinguées de l'empire, au nombre de mille, furent invitées à y souscrire. C'était de la part de l'empe-reur répondre aux intentions vertueuses de son auguste compagne, et attirer sur elle les bénédictions du ciel, que de l'établir la bienfaitrice et la protectrice de ces pauvres mères, qui souvent n'étaient payées que d'un surcroît de besoins pour les enfans qu'elles donnaient à l'état. La reine Hortense, épouse du roi de Hollande, n'aura pas une clientelle moins touchante et moins précieuse dans les six cents orphelines, à l'éducation desquelles seront consacrés six couvens, sous l'administration et la surveillance des dames de la congrégation de la Mère de Dieu. Dans ces asiles respectables, ces jeunes élèves seront instruites des principes de la religion et de la morale, et apprendront ces arts utiles et nécessaires dans l'économie domestique, trop dédaignés des jeunes personnes nées dans l'opulence.

Les trois domaines de l'Empereur. — Grossesse de l'Impératrice. — Déclaration du Chapitre métropolitain de la basilique de Notre-Dame sur la puissance spirituelle du Pape.

1810.

La source des bienfaits que l'empereur répandait sur ses peuples, existait principalement dans son domaine extraordinaire. Pour connaître la nature de ce domaine, il faut savoir qu'un sénatus-consulte a formé trois divisions du domaine impérial : la première est celle du domaine de la couronne, la seconde du domaine extraordinaire, et la troisième du domaine privé. Le domaine de la couronne se compose des châteaux, parcs, forêts, meubles, diamans, pierreries et revenus nécessaires à la splendeur du trône impérial; il est inaliénable. Le second est formé du revenu des terres acquises par le droit de conquête : c'est le produit de ce domaine dont l'empereur a consacré une grande partie aux généraux et autres officiers inférieurs qui l'ont bien servi, aux gens de lettres qui se distinguent par d'utiles ouvrages, aux artistes qui travaillent avec succès pour la gloire de la nation et de son chef, aux différens corps de la garde impériale, à la solde et à l'entretien desquels ne suffirait pas le domaine de la couronne; enfin, c'est le même produit qui fournit à toutes les dépenses nécessaires pour l'achèvement du Louvre, et pour les réparations qu'exige le château de Versailles. Il est vrai que le trésor public contribue aux établissemens de bienfaisance, mais le domaine extraordinaire en jette les premiers fondemens, et achève tout ce que les circonstances forceraient ce trésor de laisser imparfait : le trésor public paie les dettes de la justice, et le domaine extraordinaire celles de la bienfaisance. Quant au domaine privé, il est formé des acquisitions particulières que fait l'empereur dans les formes prescrites par les lois de l'état ; il peut être aliéné, et les différentes parties en sont destinées à passer, en vertu des dernières volontés du monarque, entre les mains des princes et princesses de sa famille. Il ne faut pas oublier que ce domaine est grevé des impositions auxquelles sont sujettes les propriétés des simples particuliers.

Nous abandonnons ces détails de finance auxquels nous aurions pu ajouter quelques observations sur la prospérité générale de l'empire, pour nous occuper d'un événement qui fit naître les plus vifs sentimens de l'espérance dans tous les cœurs français. Le ciel a béni l'auguste protectrice de la société maternelle ; à son tour elle va devenir mère. L'empereur a communiqué au sénat la nouvelle de la grossesse de l'impératrice, et a invité les premiers pasteurs de l'empire, à faire adresser au ciel des prières pour qu'il accorde à cette princesse un heureux enfantement. En un instant, tous les temples se sont remplis de citoyens de tous les ordres de l'état, et de la capitale aux frontières les plus reculées de l'empire, un seul vœu se fait entendre pour la naissance d'un successeur de Napoléon au trône impérial : de leur côté, les deux augustes époux redoublent leurs bienfaits envers les classes indigentes de la société, et surtout envers les pauvres mères de famille. Dès ce moment, l'intérêt universel ne cessa de se porter sur Marie-Louise qui devait bien se convaincre des sentimens qu'elle inspirait, lorsque, se promenant dans le jardin des Tuileries, elle entendait les acclamations de la foule qui, chaque jour, se rassemblait autour d'elle, et qui s'en retournait satisfaite de l'avoir vue, et en comptant les jours qui devaient s'écouler jusqu'à sa délivrance.

Quel que fût le sexe de l'enfant qui devait naître, et de ceux qui devaient voir le jour après lui, l'antique usage des monarques français exigeait que ces enfans eussent leur maison. Pour s'y conformer, l'empereur nomma, dès l'instant qu'il eut déclaré la grossesse de l'impératrice, une dame gouvernante des enfans de France, et les autres per-

sonnes qui devaient composer leur maison ; la comtesse de Montesquiou fut l'objet de la première nomination : d'après les
mêmes dispositions, le fils premier **né**
de Napoléon devait joindre à son **titre**
de prince impérial, celui de *Roi de
Rome*.

Dans le même temps que le chapitre
métropolitain de la capitale demandait
au ciel que la grossesse de Marie-Louise
se terminât heureusement, il s'occupait
d'une déclaration solennelle de ses sentimens au sujet des droits spirituels du chef
de l'église. Cette déclaration, provoquée
par le refus opiniâtre du pape, de donner
l'institution canonique à un certain
nombre d'archevêques et d'évêques
nommés par l'empereur, et conforme
en tout à celle de l'assemblée du clergé
de France, tenue à Paris en 1682, fut
présentée à l'empereur, dans une au-
dience solennelle, par le cardinal Mauri,
nommé, depuis près d'un an, à l'arche-
vêché de Paris. Quoique la doctrine
contenue dans cette déclaration fût reconnue depuis plus d'un siècle par l'é-

glise gallicane, des libertés de laquelle elle est la base, et que l'empereur eût renouvelé les ordonnances de Louis XIV, qui en prescrivaient l'enseignement dans toutes les écoles ecclésiastiques de ses états, jamais elle n'avait été l'objet d'un assentiment aussi unanime et aussi solennel qu'elle le fut dans cette circonstance. En effet, à peine la déclaration du chapitre de Paris fut-elle connue, que tous les prélats de l'empire et du royaume d'Italie, par un mouvement spontané et comme à l'envi, s'empressèrent d'y donner leur adhésion. Alors les prétentions ultramontaines se dissipèrent jusques dans le centre même du pays où elles avaient pris naissance, et s'étaient maintenues si long-temps à l'abri de l'ignorance; alors les consciences se rassurèrent, et s'évanouirent toutes les craintes que des esprits faibles avaient conçues du renouvellement du schisme dans l'église catholique. Il est bon que nos lecteurs apprennent à ce sujet qu'il est reconnu depuis long-temps dans l'église gallicane, qu'après la mort d'un évêque, le chapitre de la cathédrale est investi par le fait de la juridiction épiscopale, qu'un seul ou plusieurs vicaires généraux de son choix doivent exercer en son nom.

Naissance du Roi de Rome. — Fêtes célébrées à Paris et dans tout l'Empire. — Réjouissances pour cet événement. — Le Roi de Rome est vacciné.

1811.

Toute la France, tous les états ses alliés, et tous les peuples soumis à l'empereur d'Autriche, étaient dans l'attente de l'événement que devait produire la fécondité de l'impératrice ; l'empereur espérait avec confiance qu'il lui naîtrait un fils : c'étaient le vœu universel et le besoin de toute l'Europe. Enfin arriva ce jour attendu avec une si vive impatience. Le 20 mars au matin, cent un coups de canon annoncèrent la naissance d'un prince impérial, d'un roi de Rome. A ce signal, une allégresse générale éclata dans toutes les rues et sur toutes les places de la capitale; propagé de distance en distance, ce même signal apprit le même jour à quarante millions d'hommes que leurs vœux étaient accomplis. Les puissances étrangères, informées successivement et avec rapidité de ce grand événement, s'empressèrent d'envoyer leurs ambassadeurs à Napoléon pour l'en féliciter. La seule Angleterre frémit d'une naissance qui lui faisait perdre l'espoir de profiter de nouveaux troubles dans l'empire français. En effet, la naissance du roi de Rome doit être considérée comme l'époque mémorable de l'affermissement de la quatrième dynastie sur le trône impérial de France, et comme le principe d'un long et profond repos pour l'empire et pour un grand nombre d'autres états liés à sa fortune.

Cet événement devait être célébré, et il le fut avec une pompe extraordinaire. D'abord les temples retentirent d'actions de grâces dès le moment même que l'airain tonna sur les rives de la Seine; les

Muses, inspirant tous leurs nourrissons, leur firent produire à l'envi les uns des autres des chants remarquables par l'élévation des idées, la grandeur des images, et la beauté touchante des sentimens : jamais, en effet, la poésie n'avait eu à chanter de si hautes destinées que celles du fils premier-né de Napoléon. Ce prince voulut aussi manifester la joie qu'il éprouvait et comme monarque et comme père : tous les arts, toutes les magnificences, tous les bienfaits furent employés à l'expression de sa reconnaissance et de son allégresse, lorsque l'auguste mère du nouveau-né put jouir elle-même du spectacle des fêtes qu'il donna aux grands de l'empire et au peuple de la capitale. Cette princesse n'oublia pas de témoigner à l'Éternel ses sentimens de gratitude ; et non seulement les pauvres mères de famille reçurent de sa charité un surcroît de secours, mais encore les indigens de tous les âges et de tous les sexes, qui n'avaient reçu que de modiques prêts du Mont-de-

piété pour les effets qu'ils y avaient déposés.

La tendresse de l'empereur pour l'auguste enfant que le ciel venait de lui
donner, demandait qu'il prît tous les
moyens capables de préserver ses jours
des dangers qui souvent menacent ceux
des enfans. Convaincu de l'efficacité de
la vaccine, il voulut faire entrer dans
ses veines cet admirable préservatif:
grand et salutaire exemple, qui doit
bientôt le faire triompher de l'ignorance et des préjugés qui s'opposent
encore à ses progrès dans quelques départemens de l'empire et dans plusieurs
contrées de l'Europe.

Monumens élevés ou réparés; Édifices,
Ponts et grandes Routes construits
par les ordres de l'Empereur.—Coup
d'œil général sur les onze premières
années de son gouvernement.

Si la destruction était la compagne
de la révolution qui avait mis fin à l'ancienne monarchie française, la créa-

tion, si je puis m'exprimer ainsi, fut celle de l'heureux changement qui d'abord éleva Napoléon Bonaparte à la première dignité de la république, et de celui qui, plus heureux encore, le plaça sur le trône impérial. Avant ces deux dernières époques, dont le souvenir passera à la postérité la plus reculée, et excitera l'admiration des hommes qui naîtront dans plusieurs milliers d'années, la France avait vu peu à peu disparaître ses plus glorieux monumens, et ceux que les modernes Vandales avaient d'abord épargnés, tombaient en ruines ou par l'oubli auquel ils paraissaient condamnés, ou par la négligence des hommes chargés de leur entretien. Nos descendans le pourront-ils croire ? Ces armées victorieuses qui avaient porté si loin la terreur de leurs armes, et qui s'étaient illustrées par des exploits aussi nombreux qu'éclatans, ne voyaient aucun monument s'élever pour en perpétuer le souvenir. Dans la capitale, si quelques ouvrages s'exécutaient, le mauvais

goût de leurs auteurs ne le cédait point
à celui des hommes qui les avaient com-
mandés. Dans les départemens, où l'on
détruisait, où l'on dégradait les monumens de nos pères; aucune grande route
n'était construite ou réparée, aucun pont
n'était jeté sur les fleuves, aucun canal
n'était creusé pour faciliter la navigation
intérieure de la France.

Napoléon paraît, les rênes du gouvernement sont placées entre ses mains,
et dès ce moment tout change d'aspect.
Les temples se relèvent de leurs ruines,
et s'embellissent de nouveaux orne-
mens; les villes revoient leurs édifices
démolis reconstruits plus beaux et
plus majestueux. Lyon, entre autres,
et la ville de Paris, se réjouissent, la
première, des nouvelles façades qui
remplacent les anciennes sur la place
de Belle-Cour, justement nommée depuis la *place Bonaparte;* la seconde,
des immenses travaux ordonnés pour
l'achèvement du Louvre, pour le pro-
longement de ses quais, pour l'élargis-
sement de ses rues, pour l'embellisse-

ment de ses places, pour l'établisse-ment de cent fontaines dont l'élégance le dispute à l'utilité, pour la construc-tion de trois ponts magnifiques dans les endroits les plus commodes pour les communications de ses nombreux quartiers. L'étranger qui revoit cette belle capitale après douze années d'absence, se persuade qu'il est arrivé dans un pays d'enchantement, et que la capitale n'est plus sur les rives de la Seine. En effet, de quelque côté qu'il se tourne, vers quelque quartier qu'il dirige ses pas, ses regards étonnés ne se portent que sur des édifices ou commencés, ou achevés avec une magnificence digne du monarque qui les a fait élever. Sur la rive droite de ce fleuve, il verra des milliers d'ouvriers occupés à bâtir ces greniers d'abondance destinés à devenir le dépôt des grains nécessaires à la subsistance des habitans de Paris ; plus loin, arrivé sur l'emplacement de la Bastille, il s'arrêtera devant les travaux qui s'exécutent pour la construction de la superbe fontaine qui doit faire l'or-

nement de cet endroit ; à quelques centaines de pas sur les boulevards, il con-
templera avec étonnement ce grand et
magnifique bassin, où huit énormes
lions de bronze versent les eaux du canal de l'Ourcq. Si sa curiosité le conduit vers le vaste réservoir où ces eaux
arrivent de plusieurs lieues, pourra-t-il
s'empêcher de crier au prodige ? Si un
autre jour il visite les abattoirs, édifices jusqu'alors inconnus, la colonne
de la place Vendôme, l'arc de triomphe
de l'Etoile ; si, après être descendu de
cette hauteur, il entre dans la rue de
Rivoli, s'il parcourt le jardin des Tuileries, s'il s'arrête devant l'arc de
triomphe du Carrousel, s'il traverse le
Palais-Royal et la rue Vivienne pour
s'arrêter devant l'immense édifice des-
tiné au commerce de la capitale, quelles
idées ne se formera-t-il pas de la puissance et de l'activité du souverain qui
produit de si grandes choses presque
simultanément ? Mais c'est au musée
Napoléon surtout, qu'à la vue de cette
multitude innombrable de chefs-d'œu-

vre de l'art, ses yeux seront éblouis et son admiration sans bornes.

Passons sur la rive gauche de la Seine. Au milieu du Pont-Neuf, nous verrons s'élever d'un côté l'obélisque consacré à la gloire des armées, et de l'autre, sur la place Dauphine, la fontaine ornée de la statue du brave général Desaix, l'ami de Napoléon. A l'occident, nous contemplons avec surprise les casernes de la garde impériale ; plus loin, le superbe portique du palais du Corps législatif; et plus loin, les charmantes avenues qui conduisent au séjour des invalides. Dans quelques années, sur le nouveau quai de ce beau quartier, s'élèveront le palais du grand-maître de l'Université, celui des Arts, et l'édifice consacré aux écoles normales. Si nous ne nous lassons pas de voir et d'admirer, nous nous arrêterons sur la place du temple de Saint-Sulpice, dont le portail imposant a été débarrassé dans un clin d'œil des nombreux bâtimens qui naguère nous en dérobaient la vue ; nous entrerons dans le palais du Sénat, dont les embellissemens et les jardins nous feront douter si c'est ce même palais qui naguère avait été transformé en prison ; nous visiterons le temple de Sainte-Geneviève, qui, après tant d'années, fait prévoir l'instant prochain où il sera enfin ouvert aux fidèles, et consacré à l'exercice du culte catholique ; enfin nous arriverons à ce jardin des plantes, où tant de phénomènes sont rassemblés, et qui, agrandi de moitié, offre à toutes les espèces d'animaux un séjour aussi vaste qu'agréable et commode. Sur ses limites, du côté de l'occident, nous nous étonnerons des immenses travaux qui s'exécutent pour les constructions nécessaires au dépôt où les boissons seront reçues en attendant qu'elles entrent dans la consommation du peuple de la capitale.

Paris n'a pas été le seul objet de la munificence de l'empereur ; un grand nombre de villes de l'empire se sont ou embellies ou agrandies par ses bienfaits, et des départemens entiers, tels que ceux de l'ouest, que la guerre civile avait ravagés, se couvrent ou de nouvelles cités ou de nouveaux villages. Combien de routes ont été établies pour les campagnes et pour les villes qui n'avaient entre elles que d'insuffisantes communications! Que de provinces d'autres routes plus belles, plus longues et plus vastes ont jointes les unes aux autres! Qui n'admirera pas ces grands chemins tracés au milieu des Alpes, au travers des précipices du Mont-Cénis et du Simplon! cette surprenante avenue tracée sur les sables du département de la Gironde, désert qui jusqu'alors n'était fréquenté que par quelques troupeaux, et ces canaux, ou achevés ou entrepris, qui feront circuler de départemens en départemens toutes les richesses territoriales et industrielles de la France!

Si nous jetons les yeux sur d'autres objets du gouvernement de l'empereur, nous serons surpris qu'il ait fait plus de choses en quelques années, que plusieurs monarques n'en avaient exécuté en un grand nombre. La religion rétablie dans ses temples et sur le trône, la justice replacée sur son tribunal, l'instruction publique remise en possession des écoles, la bonne foi replacée dans les comptoirs du commerce, la paix et la bonne union appelées pour détruire les partis ; cinq codes de lois, publiés soit pour régler les intérêts des sujets, soit pour punir les délits et les crimes ; les fabriques et les manufactures encouragées par la proscription du commerce anglais ; les lettres et les arts récompensés de leurs chefs-d'œuvre ; enfin, de nombreuses et d'éclatantes victoires qui successivement ont étendu au loin les frontières de l'empire, réduisent les puissances ennemies à nous demander la paix et à s'unir à nos destinées : voilà un tableau bien imparfait de ce que l'empereur Napoléon a exécuté pour la prospérité de ses états. Pour s'en faire une juste idée, il faudrait pouvoir consulter non seulement les préfets des départemens, mais encore les chefs municipaux des moindres villages : alors on saurait que tel hameau ignoré est devenu l'objet important de ses sollicitudes.

FIN.

TABLE DES SOMMAIRES.

BIBLIOTHÈQUE ROYALE

FIN DE LA TABLE.

Livres du même Auteur :

Principaux Événemens de l'Histoire de France, depuis le premier roi jusqu'à Napoléon-le-Grand ; livre de première nécessité pour l'instruction de la Jeunesse des deux sexes, et fait pour inspirer l'amour de la lecture, orné de 16 jolies gravures supérieurement exécutées, vol. in-12 de 225 pages.

Abrégé du Voyageur français, ouvrage très-curieux, vol. in-12 de 190 p. sans fig., 1 fr. 25. c.

— Le même, avec 16 jolies fig.,   1 fr. 75 c.

Géographie moderne, contenant tout ce qu'on peut apprendre facilement des quatre parties du monde, vol. in-12 de 200 pag.   1 fr. 25 c.

Arithmétique décimale, livre simple et facile, dans lequel on trouve un moyen de réduire des centimes en francs aussi vite que de poser un point, vol. in-12 de 75 pag.   75 c.

De l'Imp. de CELLOT, rue des Grands-Augustins.

www.ingramcontent.com/pod-product-compliance
Lightning Source LLC
LaVergne TN
LVHW020840200726
843508LV00003B/1003